ÉLOGE

DE

JEAN-JACQUES LEFRANC,

MARQUIS DE POMPIGNAN,

Qui a remporté le prix au jugement de l'Académie des Belles - Lettres de Montauban en 1787.

PAR M. DE REGANHAC le fils.

A LONDRES,

Et se trouve à PARIS,

Chez POINÇOT, Libraire, rue de la Harpe, près Saint-Côme, N°. 135.

1788.

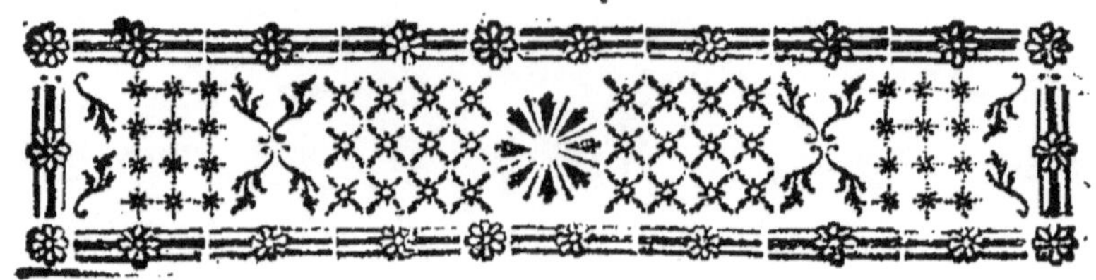

ÉLOGE

DE

JEAN - JACQUES LEFRANC,

MARQUIS DE POMPIGNAN.

Du sein des ombres éternelles,
S'élevant au trône des Dieux,
L'Envie offusque de ses aîles
Tout éclat qui frappe ses yeux.
Quel Ministre, quel Capitaine,
Quel Monarque vaincra sa haîne
Et les injustices du sort ?
Le tems à peine les consomme,
Et jamais le prix du grand homme,
N'est bien connu qu'après sa mort.

ODE sur la mort de Rousseau.

Oui, MESSIEURS, telle est la destinée de ces hommes que le génie ou la vertu élevent au-dessus de leurs semblables. Leur

vie s'écoule au milieu des perfécutions &
des outrages : la Poftérité feule eft jufte
à leur égard. Tel a été le fort du Marquis
de Pompignan , à la mémoire duquel
vous avez décerné un hommage public.
Non-feulement il a été en butte aux traits
de la médiocrité toujours acharnée contre
les talens fupérieurs ; il a eu le trifte pri-
vilege de compter au nombre de fes détracteurs & de fes ennemis fes contemporains les plus célebres. Leur afcendant fur
l'opinion publique l'a rendue fouvent injufte, ou du moins incertaine avec lui,
& il n'a joui que d'une partie de la gloire
due à la fupériorité de fes talens. Mais dès
que fes yeux ont été fermés à la lumiere,
la vérité , fortant du nuage dont l'envie,
l'ignorance & l'erreur s'étoient efforcées
de l'envelopper, s'eft montrée avec un
éclat que rien ne fauroit déformais obf-
curcir, & le fuffrage des fages eft enfin
devenu la regle des jugemens populaires.
Pour vous, MESSIEURS, vous aviez toujours été juftes envers le Marquis de Pom-

pignan ; vous aviez déploré les nombreufes
traverfes qu'il a éprouvées : vous avez ainfi
confervé le droit de le louer après fa mort,
& fon panégyrifte eft affranchi devant
vous des égards & des ménagemens qu'im-
pofe la partialité d'un auditoire prévenu.
Sa Patrie vous faura gré d'avoir propofé
fon éloge aux Orateurs qui fe difputent vos
couronnes. Le jour où fera décerné le prix
que vous réfervés au plus éloquent d'en-
tr'eux, fera vraiment un jour de triomphe
pour elle. Si mes talens avoient quelque
proportion avec mon admiration pour
votre illuftre Confrere, j'efpérerois de me
fignaler dans la carriere que vous avez
ouverte ; mais je ne puis qu'ébaucher
d'une main timide le tableau de fon génie.
Son caractere fuffiroit fans doute à un fecond tableau non moins intéreffant que le
premier : mais celui-ci n'en fourniroit-il
pas les principaux traits, & ne le rend-il
pas fuperflu ? Et comment en effet apprécier dignement toutes les productions d'un
Écrivain fupérieur, fans y montrer fans

A iij

cesse l'empreinte de son ame ? Les actions ne sont que le développement du caractere : il est donc inutile dans un éloge de rapporter les actions, lorsque le caractere est connu. On loue mieux un grand homme, en déployant les principes de sa conduite & en montrant son cœur, qu'en faisant son histoire, parce qu'il est facile de juger par son cœur de tout ce qu'il eût pu faire, au lieu que son histoire ne dit que ce qu'il a fait. J'aurai donc exposé à l'admiration & à la reconnoissance publiques le Marquis de Pompignan tout entier, si je réussis à le peindre fidélement comme Écrivain. J'ajouterai néanmoins à ce tableau quelques traits de sa vie, non qu'ils soient nécessaires pour completter son éloge, mais afin de montrer la justesse de l'opinion que ses écrits auront donnée de sa vertu, pour prouver qu'il eût été inutile d'en recueillir un plus grand nombre, & enfin pour convaincre tout Lecteur judicieux qu'on ne se livre point à une illusion, en cherchant à démêler dans les productions du génie littéraire les traces du caractere auquel il eſt aſſocié, & qu'un Écrivain peut auſſi bien dans le ſilence de la retraite s'illuſtrer par les grandes qualités de l'ame que l'homme public au milieu des camps, dans l'adminiſtration de l'État ou ſur les Tribunaux de la Juſtice.

PARMI les Écrivains dont les noms ſont gravés au temple de Mémoire, ceux qui ont embraſſé pluſieurs genres offrent une phyſionomie moins aiſée à ſaiſir, & ſont plus difficiles à apprécier que ceux dont les travaux ont été circonſcrits dans une ſphere plus étroite. Ce n'eſt qu'en parcourant leurs différentes productions, & en les analyſant l'une après l'autre, qu'on peut démêler avec préciſion & avec juſteſſe ce qui les diſtingue dans chacune, & l'on ne ſauroit en tracer des portraits fideles qu'en réuniſſant ces traits épars & caractériſtiques. Telle eſt la marche que je ſuivrai dans l'éloge du Marquis de Pompignan; c'eſt la ſeule que me permettent

A iv

le nombre & la variété de ſes écrits,
l'étendue de ſes connoiſſances, & la diver-
ſité de ſes talens.

L'un des plus ordinaires & des plus
éclatans privileges des hommes ſupérieurs,
eſt d'annoncer, dès les premieres années
de leur vie, ce qu'ils doivent être un jour,
& de paſſer preſque ſans intervalle de l'en-
fance à la maturité. La nature qui les deſ-
tine à parcourir une carriere plus étendue
que leurs ſemblables les y lance de bonne
heure ; & tandis que les hommes vulgaires
ſe traînent péniblement encore dans des
études ſouvent ſtériles dont l'homme de
génie n'a pas beſoin, celui-ci gravit déjà
audacieuſement des routes eſcarpées &
inacceſſibles à la médiocrité.

Tels furent les premiers pas du Marquis
de Pompignan dans la carriere des Lettres. A peine a-t-il achevé le cours de ſes
études claſſiques , pendant leſquelles il
avoit fait l'étonnement & l'admiration de
ſes maîtres, qu'il débute ſur la ſcene tragique par un chef-d'œuvre. Nul Poëte

avant lui ne s'étoit annoncé d'une maniere plus brillante, & il en eſt peu qui, après une longue carriere, ſoient parvenus au but qu'il atteignit dès ſon premier élans. Corneille méconnut ſon ſucceſſeur dans l'Auteur des *Freres ennemis*. Racine n'eût pu s'empêcher de reconnoître & d'admirer un héritier de ſon génie dans l'Auteur de *Didon*. Un pareil ſujet ſembloit appartenir excluſivement au Poëte ſublime & tendre qui peignit avec tant d'énergie Hermione & Phedre, Bérénice & Roxane, & les amateurs du Théâtre regretteroient ſans doute encore qu'il n'en eût point enrichi la ſcene, ſi le Marquis de Pompignan ne l'eût glané après lui. Je trahirois la gloire de votre illuſtre Confrere, Messieurs, ſi je diſſimulois qu'il a puiſé dans Virgile une partie des beautés de ſa Tragédie. Il n'eſt donné qu'aux grands Poëtes de s'enrichir comme il l'a fait des dépouilles de l'antiquité. Il a ſu acquérir ſur tout ce qu'il a emprunté de ſon modele un droit de propriété preſqu'auſſi honorable que celui qui naît de l'invention même. Un seul vers de celui-ci lui fournit souvent des morceaux éloquens, & quelquefois des scenes entieres, dont le pathétique sublime est également propre à inspirer la tereur & la pitié (1) : & com-

____

(1) Qu'on me permettre de citer une preuve de ces deux assertions. Virgile a dit :

Scilicet is superis labor est, ea cura quietos
Sollicitat ! . . .

Voyez quel parti le Marquis de Pompignan a tiré de ce vers :

Tranquilles dans les cieux, contens de leurs autels,
Les Dieux s'occupent-ils des amours des mortels ?
Notre cœur est un bien que leur bonté nous laisse :
Ou si jusques à nous leur majesté s'abaisse,
Ce n'est que pour punir des traîtres comme toi
Qui d'une foible amante ont abusé la foi.
Crains d'attester encor leur puissance suprême ;
Leur foudre ne doit plus gronder que sur toi-même ;
Mais tu ne connois point leur austere équité,
Tes Dieux font le parjure et l'infidélité.

M. de Pompignan a puisé aussi dans Virgile l'apparition de Sichée, qui précede & détermine la catastrophe de sa Tragédie ; mais elle ne probien de traits qui lui appartiennent exclusivement dans la peinture vive & animée des amours de Didon. Ce n'eſt point dans Virgile, mais dans ſa propre ſenſibilité & dans une connoiſſance approfondie du cœur humain qu'il a puiſé ces mouvemens ſi naturels, ſi vrais & ſi pénétrans :

N'achevez pas, cruel, vous avez tout promis.....

Et tu n'as rien d'humain que l'art trop dangereux.
De ſéduire une femme & de trahir ſes feux.....

Vous voulez me quitter, vous le voulez, Énée,
Je le ſens, je le vois.....

C'eſt par des traits pareils que l'illuſtre Racine s'eſt montré ſupérieur à Euripide

---

duit qu'un effet médiocre dans l'original, & elle met le comble au pathétique de la piece françoiſe. On ne peut d'ailleurs conteſter au Marquis de Pompignan le mérite d'avoir employé, d'une maniere également neuve & tragique, un moyen dont il eſt ſi facile d'abuſer, & de s'être arrêté en-deçà des bornes que la raiſon & le bon goût défendent de franchir.

qu'il fe faifoit gloire d'imiter ; & j'oferois prefque dire, MESSIEURS, que le Marquis de Pompignan s'eft quelquefois auffi élevé au - deffus de fon modele, foit par les nuances délicates qu'il a fu mettre habilement en œuvre dans la gradation des craintes & des agitations de Didon, foit par les alternatives d'efpérance & de terreur dont il la montre combattue, foit par l'expreffion même de la paffion brûlante dont elle eft la proie ; mais c'eft fur-tout dans la peinture des caracteres que fa fupériorité n'eft point douteufe. Énée dans le Poëte Latin ne montre que de la froideur & de l'ingratitude, je dirois prefque de la mauvaife foi. Dans le Poëte François au contraire, il déploie la plus noble & la plus courageufe magnanimité. Forcé d'obéir aux ordres du deftin & à une gloire inhumaine, il ne cede du moins à ces motifs fupérieurs & invincibles, qu'après avoir tâché de confoler fon amante, s'être montré digne par fa fenfibilité des regrets qu'il lui laiffe, & l'avoir délivrée par le

fecours de fes armes d'un ennemi redou-
table. Seroit - ce un paradoxe d'avancer
que la générofité d'Énée rend plus touchante encore la fituation de Didon elle-
même? Je conviendrai, fi l'on veut, que
cette Princeffe eft plus infortunée dans Virgile; mais la mefure du malheur eft - elle
donc toujours celle de la pitié qu'il infpire? Tout intérêt au contraire ne s'éva-
nouit-il pas dès que l'efpérance eft éteinte?
Dans le Poëte Latin, à peine Énée a-t-il
reçu les ordres du maître des Dieux, qu'à
l'infu de la Reine de Carthage, il fe hâte
de les exécuter : les plaintes & les repro-
ches de celle-ci ne peuvent ni l'arrêter ni
l'émouvoir. Dans le Poëte François au
contraire, il eft fans ceffe combattu par
fon devoir & par fon amour. Auffi fa mal-
heureufe amante n'arrive - t - elle que par
degrés aux derniers emportemens de la
douleur & de l'indignation; & après cette
explofion terrible, elle ne laiffe pas d'être
féduite encore par quelques foibles lueurs
d'efpérance. Le fpectateur d'abord trompé

comme elle, la plaint enſuite de ſon erreur ; cependant elle retombe bientôt dans
l'abîme du déſeſpoir, & la pitié eſt portée à ſon comble.

Il ſeroit téméraire ſans doute, ce ſeroit
même une erreur grave en matiere de
goût d'oſer préférer la Tragédie du Marquis de Pompignan à l'épiſode admirable
où Virgile a tracé les amours de Didon ;
mais pour rendre une juſtice impartiale
au peintre original & à ſon imitateur,
n'eſt-il pas équitable d'obſerver que celui-
ci a été par la nature de ſon Poëme aſtreint
à des regles plus rigoureuſes & plus difficiles ? Condamné à la plus exacte & à la
plus ſévere unité de tems & de lieu, il a
été forcée de ſuppoſer l'amour de Didon
déjà porté à ſon comble. Il n'a pu comme
ſon modele en montrer la naiſſance & les
progrès ; & combien de tableaux tour à
tour énergiques & gracieux qui ſe ſont
trouvés hors de ſon ſujet ! Eſt-il étonnant
que Virgile ait fait naître des richeſſes plus
abondantes dans un champ plus étendu &

plus varié ? Et ne doit-on pas au contraire un tribut d'éloges au Marquis de Pompignan pour avoir fu en recueillir de nouvelles dans une portion de ce champ déjà moiffonné par le Princes des Poëtes ? Pourroit-on ne pas le louer fur-tout de cette nobleffe, de cette pureté & de cette fageffe de ftyle, de cette délicateffe de goût & de cette retenue qui le diftinguent déjà dans un âge où l'imagination ordinairement abandonnée à elle-même tombe fans ceffe d'un écart dans une autre, prodigue fans regle & fans mefure des ornemens fouvent parafites & des figures fans jufteffe, & obfcurcit prefque toujours les beautés les plus remarquables de fes productions par des ombres & des irrégularités choquantes ? Quels droits le Marquis de Pompignan n'a-t-il pas à l'admiration des Littérateurs éclairés, pour avoir fu dès l'entrée de fa carriere poétique, fe garantir de ce ftyle néologique précieux & entortillé qui féduit trop fouvent les jeunes Ecrivains, & les écarte de la route du vrai ? Il a eu ainſi le ſingulier avantage de donner à ſa premiere production un genre de mérite qui ſemble excluſivement réſervé à ceux dont le talent a été mûri & perfectionné par une longue études des bons principes & des grands modeles. Il a dès lors annoncé ce goût délicat qui devoit caractériſer tous ſes Ouvrage ; ce goût ſûr qui ne peut être le partage que d'un eſprit éminemment juſte ; qui regle l'eſſor du génie, & met le comble à la perfection de tous les chefs-d'œuvres des Arts. C'eſt le goût qui a préſidé aux détails & à l'enſemble, au deſſein & à l'exécution de la Tragédie de Didon. Juſqu'ici nous avons toujours pu comparer l'Auteur de ce Drame célebre au modele qu'il a imité ; mais le plan de ſon Poëme n'appartient qu'à lui : il ne l'a point emprunté de Virgile ; & c'eſt dans cette partie ſur-tout, la plus difficile de l'Art Dramatique, qu'il a montré la ſupériorité de ſon talent.

Il y a cette différence entre la Fable de l'Épopée & celle du Drame, que la premiere

miere a atteint toute la perfection dont elle eſt ſuſceptible, dès l'origine même de la Poéſie ; tandis que la ſeconde n'eſt parvenue que par degrés à cette ordonnance noble & ſavante, qui fait mouvoir ſans confuſion & ſans embarras une multitude de reſſorts, ſoutient l'illuſion & l'intérêt des ſpectateurs par l'enchaînement & la ſucceſſion rapide des événemens, & porte leur émotion à ſon comble, autant par le pathétique des ſituations & l'artifice de l'intrigue, que par l'éloquence des paſſions. Homere eſt encore à la tête des Poëtes épiques , & il n'eſt pas moins ſupérieur à ceux qui l'ont ſuivi , par le plan que par l'exécution admirable de l'Iliade & de l'Odyſſée. Quelle diſtance au contraire de Theſpis à Eſchyle, d'Eſchyle à Sophocle & à Euripide, & de ces derniers encore à Corneille & à Racine, du moins quant au deſſein & à la marche de leurs Drames ! Avouons-le néanmoins ; ce ſont ces mêmes progrès qui, en ajoutant à la gloire de nos Poëtes, les ont entourés de difficultés &

d'écueils. La simplicité du cothurne ancien étoit soutenue par l'appareil imposant du spectacle & des chœurs. Ces ressources ont été proscrites parmi nous ; & tous les moyens destinés à intéresser & à émouvoir doivent être pris dans le sujet même, & faire partie de l'action. La course du Poëte s'est étendue, & il ne lui est jamais permis de l'interrompre ou de la ralentir. De-là naît pour lui l'obligation de lier plus étroitement tous les anneaux qui forment la chaîne de ses pieces, d'étonner & d'attendrir l'ame des spectateurs par des coups inattendus, de les tenir en suspens par des incidens adroitement ménagés & par une intrigue habilement nouée, de les conduire enfin à la catastrophe par une route aussi facile qu'imprévue. Mais à combien de dangers une tâche si laborieuse n'expose-t-elle pas le Poëte ? Sa marche pour être mystérieuse devient obscure, pénible & incertaine ; forcé de multiplier les incidens, il les prend hors de la nature ; veut-il serrer le nœud, il en rend le dénouement

impoffible, ou fe met dans la néceffité de
faire intervenir une caufe étrangere à l'action, & d'amener du dehors la révolution
qui la termine. C'eft à furmonter tant de
difficultés, à remplir tant d'obligations &
à fe garantir de tant d'écueils, que confifte
la gloire du Poëte Dramatique ; & c'eft ce
qu'a fait le Marquis de Pompignan. L'action de la Tragédie de Didon, fans avoir
le vide des Tragédies Grecques, en a le
naturel & la fimplicité. La clarté de l'ex-
pofition, la liaifon heureufe des fcenes, la
vérité des mœurs & des caracteres, la gradation de l'intérêt, l'exacte obfervation des
trois unités, la morale qui en réfulte, tout
concourt à confacrer ce chef-d'œuvre à
l'admiration des fiecles à venir comme de
celui qui l'a vu naître. Peut-être la fcene
françoife s'enrichira-t-elle un jour de deux
nouvelles Tragédies du même Poëte, con-
nues feulement de quelques Littérateurs
d'élite qui poffédoient fa confiance & fon
amitié. On peut conjecturer avec vraifemblance qu'elles ajouteront à fa gloire dra-

matique, parce qu'il les a compofées dans toute la force de fon talent. Thalie fembloit lui promettre fes faveurs ainfi que Melpomene. Qu'on en juge par fon Drame ingénieux des Adieux de Mars & de Vénus, qui renferme la critique la plus fine de nos mœurs, & la peinture la plus piquante de nos travers & de nos ridicules. Enfin, il a obtenu auffi des fuccès fur la fcene lyrique, quoique fa févérité le rendit peu propre à réchauffer *ces lieux communs de morale lubrique*, qui font de notre Opéra un fpeɧacle à la fois fi pernicieux & fi attrayant. Il avoit fenti que le Théâtre lyrique, où tout eft hors des bornes de la nature & de la vraifemblance, ne fauroit adopter des fujets puifés dans l'Hiftoire, parce que ce feroit faire contrafter trop fortement enfemble la vérité & la fiɧion; auffi les a-t-il empruntés prefque toujours du merveilleux de la Mithologie. Il a donné à l'aɧion de fes Poëmes une marche fimple & naturelle, pour que l'attention des fpeɧateurs à faifir & à fuivre le fil d'une intrigue compliquée ne nuifit point au plaifir qui cherche à s'infinuer dans leur ame par les fens de la vue & de l'ouïe. Il a favorifé ces deux genres de fenfations agréables par la pompe & la richeffe du fpectacle, & par une verfification à la fois pure, variée & mélodieufe. Il ne manque donc à fes Opéras, & c'eft ici une obfervation qui tourne à la honte de nos mœurs & de ce genre de Poéfie, que la moleffe efféminée d'une paffion corruptrice, & le langage pernicieux de la volupté. Il y a fait à la vérité parler l'Amour, mais avec modeftie & avec retenue ; il en a épuré la morale. Auffi fes Drames lyriques ont-ils moins de reffemblance & d'analogie avec ceux de Quinault, qu'avec la Tragédie Grecque dont ils nous rappellent quelquefois l'auftere fimplicité. C'eft ainfi que nous le retrouverons toujours fur la trace des anciens dont il fut le difciple, & du goût defquels toutes fes productions ont retenu l'empreinte.

Il eft un autre genre de Poéfie lyrique,

plus analogue aux principes féveres & au génie élevé de l'Écrivain que je célebre, & dans lequel il a recueilli une ample moiffon de gloire. Celui-ci fe rapproche autant de la nature que l'autre s'en éloigne. L'Opéra n'a pu naître que dans une fociété déjà dépravée par le luxe & par la moleffe. L'Ode au contraire eft le plus ancien de tous les Poëmes ; elle fut l'expreffion des premiers mouvemens du cœur humain encore innocent & pure. Confacrée dans fon origine à chanter la magnificence & les bienfaits, la puiffance & la juftice de l'Être Suprême, fa fublimité fut proportionnée à la grandeur du Dieu qu'elle célébra, parce que l'homme ne fit que fervir d'organe aux infpirations de l'Efprit - Saint. Quoiqu'on ne retrouve point dans les Poëtes profanes cette onction & cet éclat, cette force & cette majefté qui animent les Cantiques divins ; on ne peut néanmoins fe défendre d'admirer les Odes immortelles de Pindare & d'Horace, de Malherbe & de Rouffeau. Il étoit

réfervé au Marquis de Pompignan de faire
revivre ces Chantres célebres , & de fou-
tenir parmi nous la gloire d'un genre de
Poéfie auffi peu analogue à la timidité de
notre langue qu'à l'efprit philofophique
qui s'eft emparé de la Littérature. Je fais
que l'envie a été affez injufte ou affez
aveugle pour lui contefter quelquefois fes
fuccès dans cette carriere ; mais aujour-
d'hui que la vérité a commencé à fe faire
jour , ce feroit une lâcheté que de garder
des mefures avec les préventions ou les
erreurs publiques, & nous ne craindrons
point d'avancer que le recueil des Odes
du Marquis de Pompignan eft l'un des
monumens les plus magnifiques que ce
fiecle ait élevés à la gloire de la Poéfie
Françoife.

Et pour commencer par fes Odes profanes, quoi de plus fublime que celle qu'il
a confacrée à la mémoire du grand Rouffeau ? Quelle élévation dans les penfées ,
quelle pompe dans les images , quelle hardieffe dans les mouvemens, quelle richeffe,

quelle harmonie dans l'élocution ! Eſt - il quelque Poëte, ſoit ancien, ſoit moderne, qui ne s'honorât d'être l'Auteur de ce chef-d'œuvre immortel ? Tout le monde connoît cette ſtrophe admirable, la plus parfaite peut-être qui exiſte en aucune langue, où la grandeur de l'image ſe trouve ſi majeſtueuſement aſſortie à celle de la penſée :

> Le Nil a vu ſur ſes rivages
> De noirs habitans des déſerts,
> Inſulter par leurs cris ſauvages
> L'aſtre éclatant de l'univers.
> Crime impuiſſant, fureurs biſarres !
> Tandis que ces monſtres barbares
> Pouſſoient d'inſolentes clameurs :
> Le Dieu pourſuivant ſa carriere
> Verſoit des torrens de lumiere
> Sur ces obſcurs blaſphémateurs.

Il y a pluſieurs autres ſtrophes dans la même Ode, preſqu'auſſi dignes de demeurer graver dans la mémoire des amateurs éclairés de la Poéſie. Quelle ame aſſez froide pour ne pas ſe ſentir échauffée &

ravie par le début pompeux où le Poëte rappelle les plaintes & les cris dont retentirent les rochers de la Thrace, lorsque les membres d'Orphée furent disperfés par les Bacchantes dans les flots de l'Hebre ? Polhymnie employa-t-elle jamais des couleurs plus fortes & plus pénétrantes ? Le langage de la douleur fut-il jamais plus noblement exprimé ? Ne croit-on pas voir renaître dans ce début magnifique les antiques prodiges de la Poéfie, qui donnoit de la fenfibilité aux êtres muets & fans vie, & animoit toute la nature ? Citeroit-on une feule ftrophe de cette Ode qui ne foit digne d'un fi fublime effor, & pouvoit-elle plus noblement finir que par cette invocation aux mânes d'Alcée & de Pindare, dans laquelle le Poëte les invite à confoler & à couronner l'ombre célebre de leur rival ? On retrouve bien dans l'enfemble & les détails de ce Poëme la marche naturelle & hardie, les expreffions figurées, les écarts heureux, qui font le vrai langage des paffions lyriques. Tous

les mouvemens s'y engendrent mutuelle-
ment les uns des autres, & s'y rapportent
à un principe unique. Quelle fainte, quelle
énergique indignation contre l'injuftice &
la calomnie ! Oui, c'eft ainfi qu'un maître
de la lyre méritoit d'être célébré ; & que
n'exifte-t-il maintenant un Poëte digne de
rendre au Marquis de Pompignan l'hommage dont il acquitta les lettres envers fon
prédéceffeur & fon modele dans la carriere
de l'Ode !

Ce n'eft pas pour fixer les regards du
Public fur une production fublime depuis
long-tems appréciée par les gens de goût,
que je me fuis arrêté à montrer fes prin-
cipales beautés ; & qu'ai-je fait qu'exprimer l'opinion de tous les vrais Littérateurs ? Mais j'ai eu droit d'épancher les
fentimens d'admiration dont mon ame étoit
pleine ; & me ferois-je autrement acquitté
du jufte tribut d'éloges que j'ai voué à
votre illuftre Confrere ! Ce titre dont il
s'honoroit me rappelle, MESSIEURS, l'Ode
dans laquelle il célébra votre inftitution,

J'ofe dire que quand même votre Compagnie, qui réunit tant de droits à la célébrité, ne tranfmettroit aux fiecles à venir que ce feul monument de fa gloire, elle feroit sûre néanmoins de conferver jufqu'à la derniere poftérité un éclat digne de fes travaux & de fes fuccès. Le Marquis de Pompignan paroît dans cette piece, ainfi que dans la précédente, enflammé de la paffion des Lettres & des Arts : ce noble enthoufiafme a fouvent échauffé & fécondé fa veine ; il a diƈté & animé fes plus beaux chants. Telle eft l'Ode qu'il a adreffée à l'Académie de Marfeille ; telle eft celle qui forme l'ouverture d'un éloge magnifique de l'illuftre reftauratrice des jeux floraux : elles font remplies l'une & l'autre de mouvemens & d'images, de force & de nobleffe, & méritent de figurer parmi le petit nombre de chefs-d'œuvres en ce genre qui nous ont été tranfmis par les plus célebres lyriques.

Toutes les Odes du Marquis de Pompignan ne font pas d'un ton de Poéfie

auſſi majeſtueux. Il en a conſacré quelques-unes à des ſujets moins élevés & à
des ſentimens qui ont plus de priſe ſur le
cœur du commun des hommes. Il a ſu
entremêler dans ces agréables productions
la philoſophie la plus douce aux peintures
les plus gracieuſes & aux ſentimens les plus
délicats. Qui n'aimeroit celle où il invite
un ami à venir le voir à la campagne (1)?
Qui pourroit n'être point intéreſſé à ſes

---

(1) Qu'il me ſoit permis de citer quelques
ſtrophes de cette Ode charmante. L'impreſſion
qu'elles feront ſur mes Lecteurs ſuppléera à la
foibleſſe de mes éloges.

> La nature ne ſe découvre
> Que dans les champs & les hameaux.
> C'eſt là qu'à nos yeux elle s'ouvre,
> Tandis que l'habitant du Louvre
> La voit à travers des rideaux.
>
> Viens voir renaître les bocages,
> Les jardins, les prés, les guerets.
> Tout embellit nos payſages,
> Juſqu'au prélude des orages
> Qui font tant de peur à Cérès.

jeunes bofquets par celle qu'il leur adreffe ?
Quelle délicieufe mélancolie, quel charme
ne goûre-t-on pas dans ces ftances natu-
relles & faciles qui femblent avoir coulé
de l'ame du Poëte, & dont la molle négli-
gence rappelle ces quatrains célebres que
Chaulieu adreffoit autrefois à fa retraite
de Fontenai (1) ! C'eft là que l'on retrouve

Ce ne font plus ces froides ondes
Dont le verfeau dans fes fureurs
Groffit nos fources vagabondes :
C'eft l'heureux tribut d'eaux fécondes
D'où naiffent les fruits & les fleurs.

Le foleil au bruit du tonnerre
Nous annonce ainfi fon retour ;
Et le ciel abreuvant la terre,
Dans tous les germes qu'elle enferre,
Darde le feu de fon amour.

Tout fe ranime, tout s'épure ;
L'univers s'arrache au fommeil.
Viens donc : c'eft un trait d'Épicure
Que de jouir de la nature,
Dans le moment de fon réveil.

(1) J'oferai citer encore quelques ftrophes de

le ton & la philofophie d'Horace. C'eft
ainfi qu'il adoucit fans ceffe l'image de

cette Ode peu connue. On ne peut mieux louer
le Marquis de Pompignan qu'en le faifant connoître.

> Croiffez , bofquets , tréfor champêtre
> Dont je me hâte de jouir ;
> Croiffez autour de votre maître :
> Mais que vous êtes lents à naître ,
> Et que mes jours font prompts à fuir !
>
> Et toutefois de mes journées ,
> Prodigue en des vœux fuperflus ,
> Pour voir vos têtes couronnées ,
> J'appelle & je perds des années
> Qui pour moi ne reviendront plus.
>
> Ainfi diffipateurs peu fages
> Des rapides bienfaits du tems ,
> Êtres fragiles & volages ,
> Nos defirs embraffent des âges ,
> Et nous n'avons que des inftans.
>
> Heureux du moins dans mon afyle
> D'être exempt de fouhaits trompeurs :
> Et content de mon fort tranquille ,
> De n'implorer du ciel facile
> Que des feuillages & des fleurs.

notre deſtruction, en lui aſſociant les peintures naïves des plaiſirs ſimples de la nature & des plus tendres émotions du cœur
humain. La maniere de voir & de ſentir
du Marquis de Pompignan ſe rapproche
infiniment de celle du lyrique romain.
Qu'on liſe les Odes qu'ils ont conſacrées
l'un & l'autre aux plaiſirs de la table &
aux expreſſions de l'amitié ; on y retrou-
vera une marche & des mouvemens par-
faitement analogues. Mais le panégyriſte
du Poëte François, s'il eſt vraiment digne
de le louer, ne doit pas omettre que ſa
muſe eſt plus chaſte & ſa morale plus pure
que celle du Poëte Latin.

Les Odes profanes du Marquis de Pompignan ne forment que la moindre partie
de ſa gloire en qualité de Poëte lyrique.
Ce font ſes Odes ſacrées, qui le placent,
ſinon au-deſſus, du moins à côté du grand
Rouſſeau. J'ai déjà ſouvent éprouvé, Messieurs, mon inſuffiſance pour le louer
dignement. Mais ici elle ſe fait ſentir plus
fortement à mon eſprit ; & je ne puis

presque indiquer les chants célebres où son genie s'est élevé à une plus grande hauteur, ceux qui ont le plus de force ou d'onction, de grace ou de majesté. Tous ces caracteres se trouvent réunis dans l'Ode sur la Création. La richesse & la sublimité de ce Poëme, l'un des plus magnifiques que l'Esprit - Saint ait jamais dictés, sont analogues à l'éclat & à la grandeur qui brillent dans les chefs-d'œuvres de la puissance suprême, & le Marquis de Pompignan semble avoir fait passer dans notre langue toutes les beautés de l'original (1).

---

(1) Témoin ces deux strophes, qui renferment elles seules plus de Poésie qu'on n'en trouve quelquefois dans de longs Poëmes.

Ainsi qu'un pavillon tissu d'or & de soie,
Le vaste azur des cieux sous sa main se déploie :
Il peuple leurs déserts d'astres étincelans :
Les eaux autour de lui demeurent suspendues ;
   Il foule aux pieds les nues,
   Et marche sur les vents.

   Fait-il entendre sa parole
   Les cieux croulent, la mer gémit.

On

On peut citer après cette Ode celle qu'il a imitée du cantique sublime que Dieu dicta à Moïse avant sa mort, celle qui contient les plaintes des Juifs captifs à Babylone, & leurs soupirs vers leur patrie; mais on doit admirer sur-tout celles qu'il a empruntées des Prophetes. C'est dans ces dernieres qu'il a mis le plus de force & de chaleur : elles détruisent d'une maniere bien frappante l'injuste reproche qu'on lui a fait de manquer de verve, & de ne pouvoir soutenir l'élévation & la fierté de ses débuts. Oui, ses débuts sont majestueux & hardis sans doute; mais ses aîles sont fortes & rapides : son vole s'affoiblit rarement, & il ne tomble jamais.

La foudre part, l'aquilon vole,
La terre en silence frémit.
Du seuil des portes éternelles
Des légions d'esprits fidelles
A sa voix s'élancent dans l'air.
Un zele dévorant les guide,
Et leur essor est plus rapide
Que le feu brûlant de l'éclair.

C

Il n'annonce point en vain cet *os magna sonaturum*, qui est le sceau caractéristique du Poëte ; & depuis Racine, nul n'a mieux connu, nul n'a mieux saisi que lui le ton qui convient aux cantiques divins. Depuis les chœurs d'Esther & d'Athalie, on n'a point tiré de la harpe sacrée de sons tour-à-tour plus nobles & plus majes-tueux, plus moëlleux & plus énergiques.

Les Cantates que le Marquis de Pom-pignan a composés sur divers sujets reli-gieux, & qu'il a placées à la suite de ses Odes prises des Livres saints, font une nouvelle preuve de la force de son talent. Il n'existe en notre langue aucun morceau plus rempli de verve, d'imagination, de feu & d'expression poétique que son Hymne sur le Jugement dernier. On peut comparer cette piece à la Cantate de Circé, celui de tous les Poëmes du même genre où Rousseau a le plus fortement empreint la vigueur de son génie. Malgré la différence des sujets, on ne sauroit s'em-pêcher de reconnoître qu'ils présentoient à-peu-près les mêmes penſées & les mêmes images ; ce qui doit me faire pardonner d'avoir rapproché deux pieces , dont l'une eſt puiſée dans les fables de la Mitholo-gie , & l'autre dans les vérités de la Re-ligion.

Nous devons encore au Marquis de Pompignan pluſieurs Odes chrétiennes , dignes de ſon génie auſſi bien que de ſon cœur. J'avouerai que dans quelques-unes de ces produ&ions, il n'atteint pas tou-jours à l'expreſſion poétique qu'on eſt forcé d'admirer dans ſes autres chants ly-riques, mais il en eſt pluſieurs où on le retrouve tout entier : telles ſont ſur-tout celle où il célebre la gloire de la Poéſie chrétienne, & celle qu'il a intitulée *Retour à Dieu.* On peut les mettre à côté de ſes meilleurs Ouvrages en ce genre. La plu-part de ces Odes ont le mérite d'une mar-che noble & facile, d'un plan étendu & régulier. On y reconnoît un Poëte accou-tumé à enviſager ſes ſujets du côté qui prête le plus au ſentiment , à dépouiller le raisonnement de ce qu'il a de sec & d'aride, & à lui prêter les accens les plus capables de faire impression sur le cœur. On s'attend ici sans doute à un parallele entre Rousseau & notre Poëte, & je conviendrai que s'il étoit exécuté par un écrivain qui joignît à une critique saine, à un goût sûr & à une connoissance approfondie de la poétique de l'Ode, l'heureux talent de saisir & d'exprimer les nuances qui distinguent deux hommes supérieurs presqu'également dignes de l'admiration publique, ce parallele seroit très - intéressant, & pourroît être utile aux progrès des Lettres. Pour moi, MESSIEURS, retenu par une trop juste défiance de mes forces, je me contenterai d'observer que si le Marquis de Pompignan a souvent moins de verve que son rival, il a presque toujours plus de noblesse, d'élévation & de sentiment. Cette différence se montre surtout dans les Odes que les deux Poëtes ont empruntées de l'Écriture Sainte. La marche de Rousseau est plus rapide & plus entraî-

nante ; celle du Marquis de Pompignan
plus égale & plus foutenue. Si l'expreffion
poétique du premier a plus de nerf, celle
du fecond a plus d'éclat. On admire plus
fouvent dans l'un cet enthouafme impé-
rieux qui maîtrife & tourmente celui qui
en eft faifi, qui anime & vivifie toutes les
parties d'un chant lyrique, & ne fe calme
qu'après une courfe auffi heureufe que
hardie. On eft prefque toujours ravi par la
fublimité impofante & la pompe majef-
tueufe qui femble naturelle à l'autre. Le
mérite des expreffions neuves dont ces
deux favoris des Mufes ont enrichi le langage poétique, tient au caractere de leur
génie, & préfente les mêmes différences :
mais on ne peut refufer au Marquis de
Pompignan plus de correction, d'élégance
& de pureté, & dans fes Odes familieres
fa touche eft plus tendre & plus moël-
leufe : il a mis d'ailleurs plus de variété
dans le rithme de fes poéfies. C'eft à lui
que nous devons ce mélange habile de
diverfes mefures dans la même Ode, qui

produit un effet si flatteur pour l'oreille, & s'adapte avec facilité aux mouvemens souvent opposés des passions.

Mais à mesure que j'avance dans l'éloge du Marquis de Pompignan, sa gloire s'aggrandit à mes yeux. Nous venons d'admirer en lui le digne rival du grand Rousseau ; il est aussi l'émule de Despréaux. Les Poésies de ce célebre législateur du Parnasse ont été regardées à juste titre comme les Poésies de la raison. Les Épîtres du Marquis de Pompignan ont le mérite supérieur de présenter la raison parée de toutes les graces du sentiment. La versification en est pure & facile, harmonieuse & élégante ; soit qu'il y traite de morale ou de littérature, ses principes sont toujours également sains ; par-tout on reconnoît un Poëte dont le goût formé sur les bons modeles n'a pu être fasciné par les prestiges de la mode, & dont le cœur fidele aux maximes sacrées de la Religion n'a été ni égaré ni séduit par une vaine & insidieuse Philosophie. On a cité souvent l'Épître dans laquelle il déplore la décadence de notre Poéfie ; on y a admiré cette précifion, cette énergie, cette tournure heureufe & piquante qui caractérife Defpréaux. On ne peut refufer les mêmes éloges à l'Épître fur l'homme, dans laquelle il s'éleve en même tems, & contre l'efclavage des préjugés & contre cette impiété altiere qui fappe les fondemens des vérités les plus auguftes & les plus falutaires. L'Épître fur l'efprit du fiecle renferme encore un plus grand nombre de beautés fortes & mâles ; peut-être l'indignation qu'infpire à une ame noble & vertueufe le fpectacle de la licence dans les écrits & dans les mœurs, y prend-elle un peu trop la teinte du reffentiment contre l'injuftice & la perfécution. Mais fi l'on peut avec fondement reprocher à cette piece la caufticité de Juvenal, on retrouve toute l'aménité d'Horace, & une morale plus pure que la fienne, fans être moins douce, dans celle où notre Poëte vante les agrémens de la retraite. On y refpire

le charme de la philofophie, la plus con-
folante & la plus aimable; le cœur s'y
repofe avec attendriffement fur la peinture
intéreffante des plaifirs faciles & vrais que
la nature offre à l'innocence : mais le chef-
d'œuvre de cette poéfie auffi morale que
touchante, ce font les Difcours philofo-
phiques que l'Auteur a empruntés des livres de la fageffe ; & s'il étoit permis de
rapprocher les maximes humaines des le-
çons divines, je citerois ici fon excellente
traduction des vers dorés de Pythagore,
où l'on trouve renfermées les inftructions
les plus pures & les plus falutaires que la
raifon livrée à fes feules forces puiffe donner à l'homme. Quelle reconnoiffance ne
doit-on pas au Marquis de Pompignan
pour s'être appliqué à revêtir des charmes
d'une diction élégante & d'une verfification harmonieufe, ce qu'il a pu recueillir
de plus utile dans les Écrivains facrés &
profanes ? Nous ne craindrons point d'af-
foiblir cet éloge, en ajoutant qu'il a quelquefois facrifié aux Graces dans des poé-

fies légeres qui font des modeles de goût
& d'agrément : mais les Graces qui ont
obtenu fon hommage ne font point ces
Déeffes fans pudeur & fans retenue ,
auxquelles la poéfie a fouvent proftitué
un culte honteux & idolâtre ; ce font les
Graces modeftes & décentes, telles que les
avoit repréfentées le cifeau de Socrate.
Quoi de plus fin & de plus délicat que fon
Épître à **M.** Sylva & la Lettre de Racine
aux Champs-Élyfées à la célebre le Cou-
vreur ? Quel talent fouple & facile n'ad-
mire-t-on pas dans fon voyage de Langue-
doc & de Provence ? Il y a répandu la
plus agréable variété , & on y reconnoît
un Poëte ingénieux & élégant , auquel
l'énergie & l'élévation ne font point étran-
geres. La profe en eft fimple & coulante ;
c'eft le ton aifé d'un homme du monde ,
dont la familiarité eft toujours noble, dont
l'imagination brillante & féconde fait toujours donner aux objets dont elle s'empare
leurs traits propres & diftinctifs, & ne fait
que fe jouer dans une fuite de tableaux

auſſi vrais qu'intéreſſans. On a ſouvent comparé ce voyage à une production du même genre depuis long-tems en poſſeſſion des ſuffrages publics, & que la Marquis de Pompignan ſemble avoir priſe pour modele ; mais preſque tous ceux qui ont fait ce parallele ont été injuſtes envers lui. Combien de morceaux dans ſon Ouvrage qui ſont hors de toute proportion avec ce que le voyage de Chapelle & de Bachaumont offre de plus remarquable ? Telle eſt la deſcription d'un vaiſſeau qu'on lance à la mer : il y rend ſon Lecteur témoin du ſpectacle impoſant qui a échauffé ſon génie. Telle eſt la peinture des arênes de Nîmes, monument précieux de la magnificence Romaine. On ne ſauroit nier que ces morceaux ne ſoient d'un ton de poéſie auquel le talent de Chapelle & de Bachaumont n'eût pu atteindre ; & le Marquis de Pompignan eſt au moins leur égal pour la grace, la délicateſſe & l'enjouement ; pour la richeſſe & la variété des fictions & des tableaux. Mais cet Ouvrage n'eft pas le feul où il ait développé un talent fi fouple & fi agréable. Il a fu changer en rofes les épines de l'érudition dans fon effai fur le nectar & l'ambroifie : il en a trouvé à la vérité les matériaux raffemblés dans une differtation compofée en italien par l'Abbé Venuti. Mais ce qu'il ne doit qu'à lui-même, ce font des morceaux de poéfie très-piquans qu'il a eu l'art d'y entremêler, ce font des imitations heureufes de plufieurs fragmens anciens qui méritoient d'être connus, & dans lefquels on admire toujours ou la grace & la fineffe ou la nobleffe & la majefté.

Je croirois trahir la gloire de l'Écrivain que j'ai entrepris de louer, fi je paffois fous filence fa traduction en vers des Georgiques de Virgile ; elle eft inférieure fans doute à celle de M. l'Abbé Delille. Celui-ci a confervé dans fa verfion prefque toute la richeffe de l'original ; il a fu plier heureufement fous le joug d'une verfification pittorefque les détails les plus ingrats de l'économie rurale. Le Marquis de Pom-

pignan au contraire a peut-être trop fouvent facrifié au mérite de la précifion le
coloris & les images, qui font le charme
de la poéfie de Virgile. Mais pourroit-on
ne pas louer dans fa traduction une verfification noble, correcte & harmonieufe ?
N'eft-il pas entré le premier dans la carriere ; & s'il y eût marché fans rival, fon
Ouvrage ne feroit-il pas admiré ? La fupériorité de fon fucceffeur doit-elle fermer
les yeux des gens de goût fur fon mérite ?
Corneille eft-il moins grand, parce que
Racine l'a quelquefois furpaffé ? Un émule
de Rouffeau & de Defpréaux ne pourroit-
il fans honte être inférieur dans quelques
genres à d'illuftres Poëtes ? Mais pourquoi,
MESSIEURS , le Marquis de Pompignan
ne s'eft-il pas élevé dans fes traductions
en vers à ce degré de fupériorité qui le
diftingue dans les poéfies qui lui appartiennent en propre ? C'eft que fon imagination libre & fiere ne pouvoit s'affervir à
cette patience laborieufe qui copie les idées
& les tableaux d'autrui. Les efforts même

qu'il a faits pour la captiver en ont éteint la flamme ; au lieu que dans les sujets qui sont à lui, il s'est livré à l'heureux essor de son génie, & ne s'est arrêté qu'aux limites posées par le goût & par la nature des divers genres qu'il a traités. On ne peut néanmoins s'empêcher d'admirer sa traduction de la troisieme élégie des Tristes d'Ovide, morceau rempli de chaleur, de sentiment & de verve, & qui paroît une création plutôt qu'une copie. Il a su transporter aussi dans celle du voyage d'Horace à Brindes la facilité & l'agrément de l'original. Il a mis dans celle des vers dorés de Pythagore la gravité & la précision, ainsi que le ton sévere & dogmatique qui conviennent au sujet. Et ne lui doit-on pas une reconnoissance immortelle pour avoir enrichi la Poésie Françoise du plus ancien monument de la Poésie profane, des travaux & des jours d'Héfiode, ouvrage à peine connu même des Littérateurs ? On peut conjecturer qu'il n'aura jamais de rival dans ces divers fragmens ;

mais il n'en fera peut-être pas ainfi de fes Odes imitées de Pindare, & de fa traduction du fixieme livre de l'Énéide ; & fût-il vaincu dans cette lutte, il n'en feroit pas moins vrai qu'il a atteint le principal mérite de ce genre, celui de s'être tenu conftamment à côté de fes modeles, & d'avoir réuni l'élégance & la nobleffe à la fidélité.

L'examen que je viens de faire de fes Œuvres Poétiques , fuffiroit fans doute pour donner l'opinion la plus avantageufe de fes nombreufes connoiffances, ainfi que de fes grands talens. Cependant nous lui devons encore plufieurs productions, dans lefquelles on eft forcé d'admirer une érudition étendue & variée, un jugement folide, une fenfibilité vraie, & le goût le plus délicat. Il a laiffé dans fa traduction d'Efchyle, & de plufieurs fragmens grecs, latins, italiens & anglois, des monumens certains de fa vafte littérature. Quelle reconnoiffance ne lui devons-nous pas, furtout pour nous avoir fait connoître le pere de la Tragédie ? On n'avoit auparavant qu'une idée très - imparfaite des premiers essais de cet Art, dans lequel nos Poëtes ont acquis tant de gloire, & auquel il seroit à souhaiter qu'ils eussent conservé son austérité primitive. La traduction d'Eschyle en montre la naissance ; elle met tout Littérateur dont la critique est éclairée par des principes sûrs, non-seulement à portée de juger des premiers pas que le génie a faits dans cette carriere, elle lui suggere même des idées vraies sur l'origine successive de tous les Arts qui tiennent à l'imagination & au sentiment ; elle prouve que leur plus ou moins d'analogie avec l'Ode doit servir de regle pour fixer les diverses époques de leur invention, & pour établir en quelque sorte leur généalogie ; car sans parler des chœurs, qui dans Eschyle, ainsi que dans les autres tragiques grecs, font de vrais chants lyriques remplis d'élévation & de force, on ne peut contester les rapports sensibles que la Tragédie primitive conservoit encore avec l'Ode. On voit même que cette reffemblance forme fon principal défaut, & lui donne un ton de déclamation bien oppofé à la fimplicité & au naturel du dialogue. Cette obferva-tion amene une vérité importante pour l'hiftoire des Beaux Arts ; c'eft que de tous les genres, ceux qui ont été le plutôt con-nus, font ceux où l'Auteur ne fait qu'ex-primer fes propres fentimens ; ceux au contraire où il eft obligé de faire parler des paffions qui ne font pas les fiennes, & de fe revêtir tour-à-tour de divers perfon-nages, ont été inventés beaucoup plus tard. Une autre différence effentielle, c'eft que les uns ont dû acquérir, & ont réel-lement acquis en naiffant toute la perfec-tion dont ils font fufceptibles, parce qu'ils ne font que l'expreffion fpontanée des mouvemens naturels de l'ame de l'Écri-vain ; au lieu que les autres n'ont pu avoir que des progrès beaucoup plus lents, parce qu'ils exigent une connoiffance approfon-die de toutes les affections & de tous les

replis

replis du cœur humain , ainſi que des mœurs & des effets des paſſions.

Mais je m'apperçois, MESSIEURS, que ces réflexions , auxquelles la traduction d'Eſchyle a donné lieu , m'ont inſenſiblement éloigné de mon ſujet. Je me hâte d'y revenir, & de porter vos regards ainſi que votre admiration ſur ceux des Ouvrages du Marquis de Pompignan qui me reſtent encore à parcourir. Parmi ces productions, il n'en eſt point de plus digne d'un Philoſophe ſenſible & d'un Écrivain élégant, que ſon éloge du Duc de Bourgogne. Ce morceau précieux & unique en ſon genre, annonce un Littérateur formé à l'école des anciens, & capable de les égaler. On ne peut ſe diſſimuler les difficultés que préſentoit l'éloge d'un enfant de neuf ans ; on feroit porté à croire que l'Auteur pour le rendre intéreſſant a eu beſoin de tous les efforts & de tous les preſtiges de l'art des Rhéteurs. Qu'on liſe l'Ouvrage du Marquis de Pompignan ; on y trouvera que l'effuſion ſimple & naturelle d'un ſenti-

D

ment auffi tendre que vrai, & l'on ne fortira point de cette lecture fans répandre des larmes. L'éloquence qui y regne n'annonce ni contrainte ni appareil ; elle ne tourmente point les mots & les penfées pour en faire jaillir un faux éclat : c'eft la douceur & l'aménité d'Ifocrate, jointe à la pureté & à la délicateffe de Lyfias.

Nous devons au même Écrivain des modeles d'une éloquence plus forte, plus énergique, & non moins touchante. Ce font les remontrances qu'il a compofées pour les diverfes Compagnies fupérieures auxquelles il a appartenu. Avec quel intérêt & quelle chaleur ne fait-il pas valoir la caufe du Peuple, fans jamais bleffer le refpect dû au Monarque ! Après les avoir lues, on demeure convaincu que le Marquis de Pompignan étoit auffi propre à exceller dans la profe que dans la poéfie. Ses Difcours académiques en font une nouvelle preuve. Je ne craindrai point de citer particuliérement celui qu'il prononça lors de fa réception à l'Académie Françoife. Je me crois auffi obligé, MESSIEURS, à faire ici une mention honorable de ceux qu'il a lus dans vos affemblées, & dans celles de l'Académie des Jeux Floraux ; ils font, ainfi que les Préfaces qu'il a mifes à la tête de fes productions diverfes, le fruit de la plus faine Littérature. Mais fon chef-d'œuvre dans le genre de la critique, eft fans contredit fa lettre à Racine, qui contient les principes les plus folides, je dirois prefque la théorie, finon la plus étendue, du moins la plus jufte & la plus claire de l'Art de la Tragédie ; théorie d'autant plus fûre & plus inftructive, qu'elle eft juftifiée par fon application aux chefs-d'œuvres du plus grands de nos Poëtes.

On n'auroit qu'une idée très-imparfaite du Marquis de Pompignan, fi on ne le confidéroit que comme Littérateur : il eut encore les talens & la fcience du Magif-trat. Ses effais fur les vingtiemes & fur les biens nobles, quelqu'eftimables qu'ils foient par la méthode & la netteté qui y regnent, n'en font que la moindre preuve. Son génie étendu & vigoureux étoit fait pour embraſſer & pour approfondir tous les principes du droit public. Aucun politique peut-être n'a répandu autant de jour ſur les points les plus importans & les plus difficiles de notre légiſlation, qu'il l'a fait dans ſon Ouvrage relatif à la derniere révolution de la Magiſtrature. On ne trouve le plus ſouvent dans les Écrivains qui on cherché à développer les principes fondamentaux de notre gouvernement, que des ſyſtêmes plus ou moins incomplets, appuyés ſur des preuves fauſſes ou douteuſes, & ſur des explications incertaines des faits & des monumens anciens. Le Marquis de Pompignan étoit trop judicieux pour s'abandonner à ſon imagination, & ſe contenter de conjeƈtures ou de probabilités dans une matiere auſſi grave ; auſſi a-t-il compoſé un Livre dont l'utilité eſt certaine. Après avoir enviſagé ſon ſujet dans toute ſon étendue, il en a raſſemblé ſoigneuſement les matériaux & les preuves ; il eſt remonté aux vrais principes de notre conftitution originaire, & il en a déduit les conféquences les plus sûres ; fans ambitionner la gloire d'être regardé comme un Écrivain profond, la fageffe de fa marche l'a conduit à des vérités également neuves & importantes, & il doit être mis au nombre de nos meilleurs publicites. Il a donné à fon ftyle le ton & la couleur qui convenoient au fujet ; mais ce qui le diftingue principalement, c'eft fa droiture & fa bonne foi. Il a fu fe garantir de tout efprit de parti dans une matiere où il étoit fi difficile, fur-tout à un aneien Magiftrat de ne pas fe prévenir. S'il a fait valoir les droits du peuple, il n'a pas défendu avec moins de force ceux de l'autorité fouveraine, & il s'eft montré auffi bon citoyen que politique éclairé.

C'eft ainfi, MESSIEURS, qu'en forçant fes Lecteurs d'admirer fon génie & fes connoiffances, le Marquis de Pompignan s'empare de leur confiance & de leur affection. Comme tous les grands Écrivains, il s'eft peint dans fes Ouvrages ; & qui refuferoit d'y reconnoître une ame forte & fenfible, un caractere noble, généreux & élevé. On ne peut difconvenir que toutes fes productions ne portent l'empreinte de la vertu & des bonnes mœurs ; elles refpirent un zele & un attachement inviolables pour la Religion ; fentimens dont il eft prefque héroïque d'ofer faire gloire dans ce fiecle, où l'homme a fi fort abufé de fa raifon pour autorifer la dépravation de fon cœur, & où une philofophie audacieufe & funefte a renverfé toutes les barrieres qui s'oppofoient aux égaremens de l'efprit & aux défordres des paffions. Graces vous foient rendues, ô immortel Écrivain, d'avoir confacré vos fublimes talens à conferver le dépôt de la faine morale auffi bien que celui du bon goût ! Vous avez prouvé d'une maniere éclatante qu'un génie vigoureux & étendu n'eft point incompatible avec la plus humble foumiffion à nos dogmes incompréhenfibles. Ah ! fi jamais les bons principes reprennent leur afcendant fur le cœur des hommes ; fi jamais la lumiere de la verité parvient à dissiper les illusions du mensonge ; si un siecle plus juste & plus éclairé succede à un siecle de corruption, d'incertitude & d'erreur, c'est alors que vous serez entiérement vengé des persécutions que vous avez essuyées de la part de vos jaloux & ingrats contemporains. Puisse cependant le souvenir de ces injustices ne pas décourager ceux que la nature appelle comme vous à des travaux utiles & à une éclatante renommée !

Ici, MESSIEURS, vous vous attendez sans doute à la peinture des malheurs qui ont traversé la carriere de votre illustre Confrere. Vous exigez que j'en développe les causes & les motifs : mais combien ce souvenir est amer pour ceux qui chérissent les talens & la vertu ! Rappellons cependant, puisque mon sujet l'exige, quel étoit l'état de la République des Lettres, lorsque le Marquis de Pompignan y parvint aux premiers honneurs.

Le siecle de Louis - le - Grand s'étoit

depuis long-tems écoulé, & le génie sem-
bloit prefque s'être éteint en France avec
l'aftre bienfaifant qui l'avoit fi glorieufe-
ment vivifié. Les froids calculs de la raifon avoient remplacé les élans fublimes de
l'imagination & du fentiment. Une fauffe
& orgueilleufe philofophie s'étoit emparée
du domaine des Beaux Arts ; & pleine
d'une confiance préfomptueufe en fes propres forces, elle tentoit encore de plus fu-
neftes ufurpations : elle faifoit des efforts
redoublés pour ébranler les fondemens ref-
pectables de la Religion & de la morale.
Un homme extraordinaire, & unique par
l'étendue des talens & par la licence des
écrits, affectant tous les genres de gloire,
& jaloux de toutes les grandes réputa-
tions, dominoit en tyran fur le monde
littéraire. Il traînoit fes contemporains à fa
fuite ; & après les avoir fubjugués par la
hardieffe de fes opinions, il leur infpiroit
fon audace : mais cette audace n'étoit en
eux qu'une honteufe fervitude. Il s'étoit
fait le difpenfateur des récompenfes de la

renommée , & diftribuoit à fon gré les honneurs & le mépris. Habile à manier l'arme fatale du ridicule, il immoloit à la rifée publique tous ceux qui avoient le courage de réfifter à l'autorité de fon nom, & de déplorer hautement les malheureufes atteintes qu'une impiété altiere avoit portées aux mœurs & à la foi. C'eft dans ces circonftances que le Marquis de Pompignan eft appellé à remplir une place dans la premiere Société littéraire du Royaume. Il ofe s'y montrer comme un zélé partifan de la Religion ; il en réclame les droits facrés, & entreprend de la venger des outrages auxquelles elle eft en butte. Dès-lors les fatyres, les épigrammes, les libelles injurieux, & tous ces farcafmes amers que la malignité ne traite que de facéties, pleuvent fur lui de toutes parts ; on le pourfuit comme coupable d'intolérance & de fanatifme, & on parvient prefqu'à étouffer la voix des fages où à la lui rendre défavorable : on lui fait un crime même de fa fenfibilité. Ce n'eft pas impunément qu'il entreprend fon apologie : on ne lui tient aucun compte de fa modération ; elle ne fait que redoubler l'acharnement de fes perfécuteurs. On l'accufe d'orgueil & de roideur dans le caractere, comme fi une ame noble pouvoit fe refufer le témoignage de fa propre dignité. Qui ne déploreroit, MESSIEURS, l'infortune attachée parmi les hommes aux grands talens & aux grandes vertus ? Les injuftices de l'envie furvivent quelquefois à ceux qu'elle a perfécutés : & en effet ne regarde-t-on pas encore comme la partie la plus difficile de l'éloge du Marquis de Pompignan, celle où l'Orateur eft obligé de rappeller fon difcours de réception à l'Académie Françoife ? Ses admirateurs même ne femblent-ils pas fe réunir à fes détracteurs pour lui reprocher dans cette circonftance un zele aveugle & déplacé ? Je ne faurois néanmoins faire à fa mémoire l'injure de réclamer l'indulgence publique en fa faveur. Je crois devoir le louer au contraire de n'avoir donné le nom de véritable philofophie qu'à cette lumiere bienfaifante qui s'allume au foyer de la Religion, & de n'avoir jugé digne que de haine & de mépris cette raifon orgueilleufe qui ne s'appuie que fur elle - même. Chercher à le juftifier feroit une foibleffe trop peu analogue à la nobleffe & à la fierté de fon ame, & fa gloire la défavoueroit.

Après vous avoir montré, MESSIEURS, dans les écrits du Marquis de Pompignan & dans fes revers littéraires l'empreinte & l'influence de fon caractere, il me refte à vous le repréfenter dans l'exercice de la Magiftrature & dans le calme de la retraite. Appellé par fa naiffance & par une vocation héréditaire aux dignités éminentes de la robe, il occupa d'abord avec diftinction une charge d'Avocat-général à la Cour des Aides de Montauban. Il y acquit l'eftime, l'affection & la reconnoiffance publiques, & s'y montra digne de fuccéder à fon pere & à fon oncle dans la premiere Préfidence du même Tribunal. Le jour où il en fut revêtu, fut pour fes

concitoyens un jour d'allégreſſe, ou plutôt d'enthouſiaſme. Ces tranſports de joie
dont la mémoire s'eſt conſervée parmi
eux, & qu'il n'appartenoit point à un
homme médiocre d'inſpirer, furent pour
lui une récompenſe bien douce de ſes ſer-
vices précédens & de ceux de ſes ancê-
tres ; & s'ils lui firent ſentir avec plus de
force toute l'étendue des nouvelles obligations qu'il contractoit envers la Patrie,
ils les lui rendirent plus cheres & plus
faciles. Auſſi ne démentit - il pas l'opinion
qu'il avoit déjà donnée de lui-même ; ſans
ceſſer jamais d'être affable envers ſes infé-
rieurs, il ſut faire reſſortir avec courage la
dignité de ſa Compagnie, & rendit ſon
autorité reſpectable. Il porta ſouvent aux
pieds du Trône les réclamations & les
plaintes des Peuples ; l'excès des impôts,
l'épuiſement des campagnes & tous les
genres de calamités publiques affectoient
vivement ſon ame. Il ſe regardoit comme
un légitime interprète des ſujets auprès du
Souverain, & il ne déſeſpéra jamais des

sentimens paternels de l'un , tandis qu'il donnoit aux autres l'exemple d'une obéissance & d'une affection vraiment filiales.

Son attachement aux fonctions de la Magistrature , ne le rendit jamais infidele aux Lettres. Il s'efforça au contraire d'en répandre le goût dans sa Patrie , & c'est à lui que Montauban est principalement redevable de l'établissement d'une Académie qui en est le plus bel ornement. On a souvent contesté l'utilité des Corps littéraires ; mais est - il possible de douter que la réunion des talens ne contribue à leur force & à leur éclat ? Comment d'ailleurs établira - t - on dans les villes de province l'émulation si essentielle aux progrès des Arts , si on ne rapproche les uns des autres tous ceux qui les aiment ou les cultivent ? Le Marquis de Pompignan étoit persuadé que les Belles-Lettres contribuent à polir les caracteres , à épurer & à adoucir la société ; & c'est leur influence morale surtout qui anima son zele , & détermina les efforts qu'il fit pour les naturaliser dans sa

Patrie. Il ne se contenta point de rassembler & de faire concourir à ses vues tous ceux qui étoient dignes de le seconder. Il s'étudia encore à former des éleves capables de perpétuer dans la Compagnie, dont il fut le vrai fondateur, son esprit & ses maximes. Ainsi, la ville de Montauban lui a, non-seulement obligation de la gloire qu'il a répandue sur elle par ses travaux personnels, mais elle lui doit encore une succession utile de Littérateurs distingués qui l'éclairent & qui l'honorent.

Tant de bienfaits l'avoient rendu cher à la Patrie, & ce ne fut point sans regret qu'elle le vit passer sur un Tribunal étranger. Il occupa quelque tems avec éclat une charge de Conseiller d'honneur au Parlement de Toulouse, dont il avoit été revêtu par une distinction extraordinaire & unique; mais son goût pour la retraite & pour l'étude, l'engagea bientôt à renoncer aux fonctions de la Magistrature. Il ne cessa jamais néanmoins d'en chérir les intérêts & la gloire, & c'est ce sentiment qui fur la fin de fa carriere lui dicta fes confidérations fur la derniere révolution de l'ordre civil, dont il avoit été affecté, non comme un citoyen ordinaire, mais comme s'il y eût participé en qualité d'homme public.

Les vertus qu'il a cultivées dans la retraite achevent de rendre fa mémoire recommandable, & font dignes de couronner fon éloge. Fidele à tous les devoirs de la Religion, de la nature & de la fociété, il fut bon pere, tendre époux & folide ami. Son intime liaifon avec l'illuftre Mirabeau fait un égal honneur à fon difcernement & à fon caractere. Ce fut dans l'exercice d'une piété auffi fervente qu'éclairée, & d'une charité bienfaifante, qu'il fe confola de fes revers littéraires & des perfécutions de l'envie. De la même main dont il élevoit un temple à l'Être Suprême, il rebâtiffoit la cabane du pauvre, & fondoit un afyle pour l'humanité fouffrante. O vous ! fa chere & refpectable compagne, vous qui partagiez le foin qu'il pre-

noit de foulager l'infortuné, recevez comme lui l'hommage de la reconnoiffance
publique, & puiffe la mémoire de vos
bienfaits envers les malheureux vivre à
jamais dans le cœur des hommes !

Après avoir obfervé en détail, MES-
SIEURS, les principaux traits qui diftinguent le Marquis de Pompignan, fi on les
rapproche les uns des autres, fi on en
forme un tableau raccourci, qui pourra
refufer fon admiration à un Écrivain qui
fe préfente à la renommée fous tant de
rapports différens, & qui réunit tant de
titres à une glorieufe célébrité ? La connoiffance de l'hébreu, du grec, du latin
& des plus belles langues vivantes, l'avoit
mis en commerce ouvert & familier avec
les Poëtes, les Orateurs & les Philofophes
de toutes les nations & de tous les âges.
Dès fa jeuneffe, il fe fignala fur la fcene
par un chef-d'œuvre tragique : il s'eft élevé
dans l'âge mûr à côté des lyriques les plus
illuftres. Habile à faifir tous les tons qui
conviennent à des genres diverfes, pref-

qu'également

qu'également supérieur dans la Prose & dans la Poésie, il a su donner aux nombreuses productions dont il a enrichi la République des Lettres, tantôt le mérite de l'élévation, de la précision & de l'énergie, tantôt celui du sentiment, de la grace & de la finesse. Il a cueilli en même tems les fleurs & les fruits du Parnasse ; & toujours fidele aux bons principes, il a conservé religieusement le dépôt du bon goût qui lui avoit été transmis par les grands Écrivains du dernier siecle. C'est sur-tout par cette fidélité aux bons principes qu'il a acquis des droits inviolables aux hommages que vous décernés. Les sociétés littéraires sont les gardiennes des regles ; c'est à elles qu'il appartient de protester sans cesse contre tout ce qui pourroit en corrompre la pureté, & de résister aux usurpations de la mode & du faux goût. On ne peut sous ce rapport contester leur utilité ; & elles deviennent doublement recommandables, lorsque les modeles qu'elles proposent à l'imitation des jeunes

E

Artiftes ont ennobli, comme a fait le Marquis de Pompignan , l'éclat des talens par
la gloire de la vertu.

F I N.

ÉLOGE

DE

JEAN - JACQUES LEFRANC,

MARQUIS DE POMPIGNAN,